Henrik Holm

Der hörbare Logos in der Musik

Wilhelm Furtwängler (1886–1954) bietet mit seiner Interpretationskunst eine überwältigende ästhetische Erfahrung, die auf das Verstehen angewiesen ist. Der Essay versucht in die künstlerische Welt von Furtwängler philosophisch einzudringen. Dabei wird die folgende These dargelegt und begründet: Die Teilhabe am musikalischen Geschehen, oder sagen wir: an den Bewegungen der Musik, wird bei Furtwängler durch eine Interpretation ermöglicht. Diese ist darauf angelegt, dem Logos der Musik zu folgen. Ziel des Autors ist es, das Lebendige in der Interpretationskunst Furtwänglers herauszustellen. Auf diese Weise ist sein Essay eine Einladung zum Dialog über das philosophische Potential des Künstlers Furtwängler.

Prof. Dr. Dr. Henrik Holm, geb. 1980 in Oslo, ist seit 2022 Associate Professor für Pädagogik an der Oslo Metropolitan University und seit 2018 Professor für Philosophie an der Steiner Hochschule Oslo. Er hat eine PhD in Musikwissenschaft von der Musikhochschule Oslo (2017) und wurde an der Technischen Universität Dresden (2010) zum Dr. phil. (Philosophie) promoviert. Zuvor absolvierte er das Studium der Theologie und der Philosophie an der Humboldt-Universität zu Berlin und der Musik (Schlagzeug, Klavier) an der Universität der Künste Berlin. Veröffentlichungen (auf Norwegisch, Deutsch und Englisch) in Ästhetik, Musikphilosophie, Musikwissenschaft, Religionsphilosophie und praktische Philosophie. Letzte Veröffentlichung auf Deutsch: Holm, Henrik / Kast, Christina, *Am Abgrund des Geistes. Friedrich Nietzsche und die Verzweiflung*, Alber Verlag 2023.

Henrik Holm

Der hörbare Logos in der Musik

Ein philosophischer Versuch

über Wilhelm Furtwänglers Interpretationskunst

Text & Dialog

„Die Kunst konstruieren heißt,
ihre Stellung im Universum bestimmen."
(Schelling)

Der Verlag Text & Dialog ist sich seiner Verantwortung gegenüber unserer Umwelt bewusst. Wir folgen dem Prinzip der Nachhaltigkeit und streben den Einklang von wirtschaftlicher Entwicklung, sozialer Sicherheit und Erhaltung unserer natürlichen Lebensgrundlagen an. Übereinstimmend mit den EU-Verordnungen zur allgemeinen Produktisicherheit (GPSR) und für entwaldungsfreie Produkte (EUDR) stellen wir sicher, dass unsere Produkte den gesetzlichen Anforderungen entsprechen und die Sicherheitsstandards erfüllen.

FSC www.fsc.org MIX Paper | Supporting responsible forestry FSC® C208702

Bei Fragen zur Produktsicherheit wenden Sie sich bitte an:
René Kaufmann | Konkordienstraße 40 | D-01127 Dresden
M.: 0174/310 77 23 | www.text-dialog.de | verlag@text-dialog.de

Bibliografische Information der Deutschen Nationalbibliothek
Die Deutsche Nationalbibliothek verzeichnet diese Publikation in der Deutschen Nationalbibliografie; detaillierte bibliografische Daten sind im Internet über http://dnb.dnb.de abrufbar.
Bibliographic information published by the Deutsche Nationalbibliothek
The Deutsche Nationalbibliothek lists this publication in the Deutsche Nationalbibliografie; detailed bibliographic data are available on the Internet at http://dnb.dnb.de.

Umschlaggestaltung, Satz/Layout: René Kaufmann, Text & Dialog (www.text-dialog.de)
Druck und Bindung: Mazowieckie Centrum Poligrafii Sp. z o. o.
ISBN 978-3-943897-93-7

Inhalt

Vorwort zur zweiten Auflage

Grigory Sokolov gewidmet

Das Zeitalter der großen, klassischen Dirigenten scheint mir vorbei zu sein. Oder anders ausgedrückt: Wenn ich mir die Dirigenten von heute anschaue, folgen sie einem anderen Paradigma als die Klassiker und die jüngst verstorbenen Generationen von Dirigenten. Ich sehe diesen Umstand nicht mit Bedauern, sondern stelle ihn lediglich fest. Vielleicht ist dies ein Grund dafür, dass das künstlerische und wissenschaftliche Interesse an der musikästhetischen Erforschung der damaligen Interpreten wächst. Im Bereich der Klavierkunst passiert heutzutage jedoch sehr viel. Es ist vielleicht eine gewagte These, aber ich habe den Eindruck, dass das Erbe der klassischen Dirigenten auf neue Weise, mit neuer Energie und mit neuen Intuitionen dort weiterlebt. Andere Impulse werden naturgemäß interpretatorisch ausgelebt, aber irgendwie im selben Geist. Ich widme diese neue Auflage dem Pianisten, der mir die größten Konzerterlebnisse meines Lebens geschenkt hat: Grigory Sokolov. Ich spüre – und meine es auch hören zu können –, dass der Ernst, die Freiheit, der Atem, die Spontaneität und die metaphysische Tiefe, die ich in Tondokumenten mit Wilhelm Furtwängler wahrnehme, bei ihm weiterleben.

Zehn Jahre sind seit der ersten Auflage vergangen. Ich freue mich sehr über die Nachfrage, sodass nun eine zweite Auflage gedruckt wird. Im Jahre 2017 habe ich eine Monografie über Furtwängler in norwegischer Sprache veröffentlicht. Übersetzt lautet deren Titel: *Der Logos der Musik. Ein hermeneutischer Versuch über Wilhelm Furtwänglers Interpretationskunst.*[1] Darin baue ich auf dem Gedankengang auf, der auch im vorliegenden Essay zu finden ist. Ich hätte diesen neu verfassen und neue Kapitel schreiben können, aber das hätte den Gedankengang nur gestört. Der Essay ist sozusagen aus einem Guss entstanden – und so lasse ich ihn auch in der zweiten Auflage stehen.

Oslo, August 2025

1 Öffentlich zugänglich: NMH Brage: Musikkens Logos. Et hermeneutisk forsøk over Wilhelm Furtwänglers interpretasjonskunst, online unter: https://nmh.brage.unit.no/nmh-xmlui/handle/11250/2454465 (12.8.2025)

Vorwort

Meiner Familie gewidmet

Der vorliegende Essay versucht in die künstlerische Welt von Wilhelm Furtwängler (1886–1954) *philosophisch* einzudringen. Wie kaum ein anderer hat Furtwängler in seiner Zeit das musikalische Leben in Europa geprägt. Seine Art die großen Klassiker aufzuführen können wir heute anhand von Tondokumenten hörend nachvollziehen. Sie vermitteln einen Eindruck vom musikalischen Ausdruck der Interpretationen Furtwänglers. Seine Schriften zeigen einen Musiker, der immer versucht hat, die Musik zu verstehen. Es gibt relativ viele Untersuchungen zur Interpretationskunst Furtwänglers, zur Biographie und vor allem zu seiner Rolle im nationalsozialistisch beherrschten Deutschland. Es gibt jedoch kaum Literatur zum Denken Furtwänglers und zum philosophischen Kontext seiner Interpretationskunst. Dieser Essay möchte hier einen Anfang setzen und zum Dialog über das philosophische Potential des Künstlers Furtwängler einladen.

Ich habe bewusst auf viele Beispiele verzichtet. Denn der philosophische Versuch möchte die Möglichkeit einer phantasiereichen Anwendung anbieten. Eine Festlegung auf bestimmte Beispiele würde dieser Intention widerstreben. Es handelt sich, mit anderen Worten, um den Versuch einer *allgemeinen* Beschreibung der Interpretationskunst Furtwänglers.

Oslo, August 2015

Einleitung

„Man könnte also die Aufgabe der Philosophie der Kunst
zum Voraus schon so bestimmen:
das Reale, welches in der Kunst ist,
im Idealen darzustellen."[2]

Über die ästhetische Erfahrung der Interpretationskunst eines schon längst verstorbenen Dirigenten zu sprechen hat einen paradoxalen Charakter. Zweifellos werden Aufnahmen mit Furtwängler noch immer als besondere Beispiele einer großartigen und vielleicht zum Teil genialen Interpretation klassischer Werke gepriesen. Furtwänglers Interpretationskunst wird als lebendig erfahren, obwohl wir über keinen direkten Zugang mehr zu ihr verfügen. Aufnahmen mit schlechter Tonqualität, die keine authentische Wiedergabe des damals Erklungenen gestatten, vermitteln dennoch ein Gefühl des von der Musik Mitgerissen-Werdens. Man hat das Gefühl, von Furtwängler in die Musik hinein geführt zu werden. Das hörende Subjekt nimmt am musikalischen Geschehen in einer besonderen Weise teil. Der Musikkritiker Joachim Kaiser spricht von Furtwängler als dem „größten Interpreten aller Zeiten".[3] Kurzum: Furtwänglers Aufnahmen ermöglichen eine Gleichzeitigkeit mit der Musik. Paradoxal ist diese Erfahrung, denn wie kann man von einer ästhetischen Gleichzeitigkeit mit einer Aufführung, die vor über 60 Jahren stattgefunden hat und die nur als Tonaufnahme vorliegt, sprechen?

Die These, die ich in diesem Essay darlegen und begründen möchte, ist die, dass die Teilhabe am musikalischen Geschehen, oder sagen wir: an den Bewegungen der Musik, durch eine Interpretation ermöglicht wird, die darauf angelegt ist, dem Logos der Musik zu folgen. Furtwänglers Interpretationskunst verstehe ich als ein Sich-Sammeln um die expressive Logik der Musik.[4] Ich

2 Schelling 2004, S. 147.

3 Bonus-cd, in: Furtwängler 2011 (Diskographie).

4 Der Begriff der Musik ist weit zu fassen. Ich möchte keine Eingrenzung vorschlagen, aber das zu Worte kommende Musikverständnis entstammt der tonalen Musikgeschichte. Ob der Ge-

verfolge dabei das Ziel, das Lebendige in der Interpretationskunst Furtwänglers herauszustellen. Der Essay möchte nichts weniger als zum Sein der Musik, wie es sich durch Furtwänglers Interpretationen zeigt, gelangen.

Es gibt keine allgemein bestimmbaren Kriterien anhand derer man die Begründung meiner These überprüfen kann. Eine empirische Forschung scheidet darum aus. Die Begründung der These ist vielmehr eine philosophische Aufgabe. Die Form der philosophischen Darlegung ist essayistisch, weil der Essay, wie Adorno treffend sagt, „eine Affinität zur offenen geistlichen Erfahrung"[5] hat. Der Essay folgt, so die Begründung, nicht den Normen wissenschaftlicher Objektivität, sondern vermittelt die Sache, indem er bewusst die eigene Subjektivität mit ins Spiel bringt. Jedes Reden über musikalische Interpretation ist in diesem Sinne essayistisch. Der Text wird dadurch nicht weniger verpflichtend. Vielmehr erhebt er den Anspruch auf Verbindlichkeit, die aber nur als ein Appell an den Leser, über den Gegenstand selber nachzudenken, aufgenommen werden kann.[6] Der Essay ist demzufolge eine Einladung zum Dialog. Die Einbeziehung der eigenen Subjektivität in die Begründung meiner These ist das Resultat einer persönlichen Aneignung. Für die Begrifflichkeit hat dies zur Folge, dass die Begriffe, die ich dazu verwende, Furtwänglers Interpretationskunst als eine Logos-gemäße zu begründen, Begriffe sind, die der reflexiven Urteilskraft entsprungen sind. Die Urteilskraft ist reflexiv, wenn das Allgemeine gesucht werden muss.[7] Bei Kant ist das Reden über Kunst nur als ein Reden der reflexiven Urteilskraft möglich. Das Ästhetische ist ein Eigenbereich, durch den keine Erkenntnisse vermittelt werden, sondern Urteile, die sich im Spannungsfeld von Individualität und Allgemein-

---

dankengang auf andere Formen von Musik passt, ist eine Frage, die ich an dieser Stelle nicht aufnehme. Anregend wäre es zu untersuchen, inwiefern man vom Logos in der gegenwärtigen Musik sprechen kann, oder ob man nicht besser viele Strömungen der Gegenwart als bewusst anti-logozentrisch auffassen sollte, um ihrem Anspruch an das heutige Hören gerecht zu werden.

5 Adorno, *„Der Essay als Form"*, in: GA 11, S. 25.

6 Adorno schreibt treffend über den paradoxalen Zustand des (philosophischen) Musikkritikers, Bd. 19, 578: „Ihre Verbindlichkeit gewinnt die Kritik nicht durch Standpunktlosigkeit, sondern dadurch, dass der Standpunkt in doppeltem Sinn aufgehoben, dass er in die Sache hineingenommen wird und in ihr verschwindet. Man könnte sagen, Kritik sei die paradoxe Einheit eines durchaus passivischen, fast weichen sich der Sache Hingebens und der größten Bestimmtheit des Urteils."

7 Vgl. Kant, *Kritik der Urteilskraft*, S. 19.

heit bewegen. Diese Urteile laden zum Gespräch ein. Wenn das Gespräch über die musikalische Interpretation geführt wird, ist dabei vorausgesetzt, dass das Musikalische verstanden werden will. Es will nicht nur genossen werden, sondern will zum Verständnis dessen, was da klingt, führen. Mit Schmücker bin ich der Ansicht, dass die ästhetische Erfahrung als solche immer in ein Verstehen münden möchte.[8]

8 Schmücker, S. 58; ebd., S. 61f: „Ästhetische Erfahrung ist eine kontemplative, auf einen bestimmten Wahrnehmungsgegenstand gerichtete Aufmerksamkeitskonzentration, die um der Gewahrung der Eigenheit dieses Gegenstandes willen erfolgt und der evaluativen ebenso wie der existenziellen Wahrnehmung eine neue Perspektive auf ihn eröffnet. [...] Ästhetische Kunsterfahrung kann und will in ein Verstehen einmünden, die ästhetische Erfahrung anderer Gegenstände kann und will dies nicht."

Was ist die expressive Logik der Musik?

„Noch vor aller wirklichen Menschensprache
schafft die Kunst als Sprache des Unaussprechlichen
die erste und für alle Zeit unter und neben der eigentlichen Sprache
unentbehrliche stumme Verständigung."[9]

Ich möchte nun im Folgenden meine These darlegen, indem ich erkläre, was ich unter dem Begriff der expressiven Logik der Musik verstehe. Die expressive Logik der Musik ist der Ausdruck des Logos in der Musik.

Der Logos-Begriff hat eine 3000 Jahre umspannende Geschichte. Es gibt allerdings keinen durchgängig einheitlichen und eindeutigen Begriffsgebrauch. Er ist ein Schlüsselbegriff bei Heraklit, Platon und in der antiken Philosophie seit Platon. Außerdem dient der Begriff, vorbereitetet durch die alttestamentlich-jüdische Weisheitslehre, als Aussage über Gott in der christlichen Theologie seit dem Johannesevangelium.[10] Die Geschichte des Begriffs ist nicht Sache dieses Essays. Es kann im Folgenden nur darum gehen, darzulegen, wie ich den Begriff auf die Musik anwende.

Der Logos ist im Wesentlichen ein Ausdruck der Geistfähigkeit des Menschen. Die Geistfähigkeit ist aber Teil eines kosmischen Zusammenhangs. Der Logos des Menschen bedeutet Teilhabe am Logos des Ganzen. Es gibt viele Worte im Deutschen für den Logos: Vernunft, Wort, Sinn, Aussage, die Rede oder die Fabel. Schon in der Antike hat man die Nähe des Logos zur Musik entdeckt. Hindrichs bringt diese Nähe folgendermaßen exemplarisch zum Ausdruck:

9 Rosenzweig, S. 89.

10 Ratzinger, S. 134 beschreibt präzise die Bedeutung des Logos im Christentum: „Das in Christus menschgewordene Wort – der Logos – ist nicht nur sinnstiftende Kraft für den einzelnen und auch nicht bloß für die Geschichte, sondern ist der schöpferische Sinn, aus dem das All kommt und den das All – der Kosmos – spiegelt."

„Die geistige Verfassung der griechischen Musik ist eine logische Ordnung des Klanges jenseits des Gegebenen, aber innerhalb der geistigen Ordnung des Kosmos. Darum stellt sie zuletzt nichts anderes als deren Proportionen dar.“[11]

In der Kirchenmusik dient der Logos als Kriterium des Guten. Nur die Musik, die über sich hinaus zu Gott führt, ist idealerweise im Gottesdienst zu verwenden.

„Die Integration des Menschen nach oben zu und nicht die Auflösung in den gestaltlosen Rausch oder die bloße Sinnlichkeit ist Maßstab logosgemäßer Musik, Weise der logike latreia (der vernunftgemäßen, logoshaften Anbetung).“[12]

Sowohl in der Antike als auch im Christentum ist der Logos-Begriff Inbegriff eines metaphysischen Zusammenhangs. Die Musik ist demnach nicht die Konstruktion eines Unbedingten kraft eines Genies, sondern ist bedingt durch die geistige Ordnung des Kosmos bzw. der Schöpfung.

Die Moderne teilt diese Bedingtheit der Musik nicht. Diese Tatsache bedeutet aber nicht den Ausschluss des Logos-Begriffs. Man kann jedoch unter den Bedingungen der Autonomie des Kunstwerks vom Logos in der Musik sprechen. Allerdings dient der Logos dann der Beschreibung eines Werkes und nicht des kosmischen Seins an sich. Er wird werkimmanent verwendet. Ob man dennoch den Aufweis des Logos in der Musik als Begründung des Logos in einem weiteren Kontext heranzieht, dies ist eine Sache von Überzeugungen. Ich halte es aber für verfehlt, die Metaphysik kategorisch aus dem Spiel zu lassen. Aus diesem Grund werde ich im letzten Kapitel eine metaphysische Deutung des Logos in der Interpretationskunst Furtwänglers skizzieren. Wenn in diesem Essay vom Logos in der Musik die Rede ist, handelt es sich um folgende Komponenten:

1. Der Logos ist *der innere Zusammenhang* der Musik.
2. Der innere Zusammenhang macht sich in den *Relationen* der Musik hörbar.
3. Die Relationen sind das Resultat der *geistigen Formarbeit* des Komponisten. Das Ergebnis der Formarbeit ist das Werk, das den Eindruck einer inneren, ästhetischen Notwendigkeit wiedergibt.

11 Hindrichs, S. 19.

12 Ratzinger, S. 134.

4. Der Logos ist *sinnlicher* Logos. Es handelt sich in der Musik um die Vergeistigung des Tonmaterials und die Versinnlichung des Geistes.
5. Der Logos in der Musik stiftet einen *hörbaren Sinn*. Der Mensch versteht die Musik als etwas. Dieses Etwas kann sich auf unterschiedliche Weise äußern.
6. Die *Schönheit* der Musik zeugt vom Logos in der Musik. Darin besteht das Ideal der Interpretation.

Diese sechs Komponenten gehören nicht nur einer metaphysischen Dimension der Musik an, sondern manifestieren sich konkret in der Musik. Man kann ihr werkimmanent durch das Notenbild, aber vor allem durch das Hören oder durch das innere Hören des Notenbildes nachgehen. In der Musiktheorie spricht man demzufolge vom Begriff der musikalischen Logik. Obwohl man den Weg vom Logos zur Logik durchaus als eine Reduktion auffassen kann, versucht die musikalische Logik von der inneren Notwendigkeit und den aufeinander bezogenen Relationen des Werkes zu sprechen. Damit ist sie Teil des Logos in der Musik, aber der Logos geht nicht darin auf, musikalische Logik zu sein. Er ist Teil der schon erwähnten metaphysischen Dimension der Musik, die in den sechs Komponenten zum Ausdruck kommt. Die musikalische Logik ist die Lehre vom musikalischen Schlussfolgern. Darin ähnelt sie dem Aufbau eines Arguments.

> „Ihre Begriffe [die der musikalischen Logik, H.H.] benennen Klänge gemäß den Bestandteilen und Zusammenhängen von Argumenten. Argumente aber sind Schlüsse. Sie bringen Gedanken in einen deduktiven Zusammenhang, der eine Schlussfolgerung begründet. Die musikalische Logik begreift analog den musikalischen Zusammenhang als eine musikalische Schlussfolgerung."[13]

Die musikalische Logik ist allerdings keine allgemeine Lehre vom Schlussfolgern, sondern ist bedingt durch den Stil, die Form und die Thematik des Werkes. Darum ist sie, wie Hindrichs treffend sagt, topologisch-partikulär:

> „Die von ihnen geregelten Klänge müssen einleuchten, und das können sie nur in dem partikularen Kontext, in dem sie erklingen. Musikalische Schlussfolgerungen

13 Hindrichs, S. 194.

gleichen so rhetorischen Argumenten. Die musikalische Logik ist keine musikalische Analytik, sondern eine musikalische Topik."[14]

Hiervon ausgehend verwende ich den Begriff der *expressiven* Logik. Der Begriff der *Expressivität* stellt den Zusammenhang mit der in diesem Essay zu behandelnden Thematik der Interpretationskunst her.

Der Begriff der expressiven Logik der Musik hat den Sinn, die Einheit von Komponisten, Interpreten und Hörer zu begründen. Es handelt sich also um einen Relationsbegriff. Als Relationsbegriff dient er der Einheit der Verwirklichung des musikalischen Seins. Die Einheit besteht nicht darin, dass Komponist, Interpret und Hörer in ihrem Eigen-Sein aufgehoben werden. Sie bewahren ihr Eigen-Sein, werden aber in ihrer Relation zueinander begriffen. Wie kann es die Einführung der Expressivität leisten, die Einheit dieser drei Größen zu artikulieren? Ich verstehe die Einheit als einen hermeneutischen Zirkel zwischen Komponisten, Interpreten und Hörer.[15] Dies gilt es nun auszuführen.

Die musikalische Logik gibt die Folgerichtigkeit des tonalen Verlaufs wieder. Diese als expressiv zu verstehen bedeutet, ihren Sinn für uns zu artikulieren. Das Verständnis der Musik ist, anders gesagt, durch die expressive Logik der Tonsprache bedingt. Die Musik appelliert durch die Zusammenhänge ihrer tonalen Folgerichtigkeit an unser Verstehen.

Der Komponist konstruiert nicht die Musik aus dem Nichts, sondern knüpft an die tonale Materie an. Er möchte etwas durch die Zusammensetzung der Töne zum Ausdruck bringen. Die Musik wird durch den Prozess der Formgebung des tonalen Materials ein musikalisches Werk. Die Formgebung ist Resultat eines bestimmten expressiven Wollens. Die Musik soll etwas Bestimmtes aussagen. Für den Komponisten entscheidet sich das Gelingen des Prozesses anhand der Entsprechung zwischen dem Gewollten und dem gewordenen Werk. Auf dem Hintergrund der musikalischen Logik entsteht die Tonsprache. Die Tonsprache ist eine eigene Sprache, die man nicht in die Sprache übersetzen kann. Das Verständnis des Sinns der Tonsprache ist

14 Ebd., S. 195.

15 Einen wichtigen Impuls zum folgenden Gedankengang habe ich der Methodik Franz Rosenzweigs in seinem Hauptwerk *Der Stern der Erlösung* (Rosenzweig 1992) entnommen.

dementsprechend ein hermeneutischer Prozess sui generis. Die Tatsache, dass Menschen Musik verstehen und dass sie den Menschen etwas in ihrem Sein bedeutet, deute ich als ein musikalisches Apriori im Menschen, das aber entwicklungs- und lernfähig ist. Es ist aber da. Weil die Musik uns etwas sagt, rührt sie an etwas in uns, was sich ebenso der Aussage entzieht. Der Bezug der Musik zum menschlichen Sein liegt in der Expressivität. Die Musik ist eine Kunstform, die man nicht vor sich sieht oder die man liest. Sie will gespielt werden. Sie muss also durch die Vermittlungsinstanz eines Interpreten. Die Aufführung eines Werkes verstehe ich als die Realisierung der Tonsprache des Werkes. Die expressive Logik wird wahrnehmbar. Sie erklingt. Die Expressivität der Musik steht nicht in den Noten, sondern muss durch das Subjekt und das Instrument des Interpreten hindurch, um Klang zu werden. Ein musikalisches Werk zu interpretieren setzt die Fähigkeit des Sich-Hineinlebens in die Musik voraus. Der Interpret muss lernen, der musikalischen Entwicklung zu folgen. Er führt durch die Musik und lässt die Musik so erklingen. Er muss sich ein inneres Bild vom Sinn der Musik bilden. Diesen Prozess kann man als eine persönliche Aneignung der musikalischen Schlussfolgerungen, das heißt ihrer Logik, artikulieren. Der Interpret muss all das über die musikalische Logik Gesagte verinnerlichen.

Bisher konnte der Eindruck entstehen, als habe das Werk einen eindeutigen Sinn in sich, den der Interpret zu finden habe. Dies scheitert aber an der Unterschiedlichkeit der Interpretationen desselben Werkes, die alle mehr oder weniger gut sein können. Die Rede von der expressiven Logik muss modifiziert werden: Die Lösung des Einwandes liegt in der Negativität der Musik, sich selbst nicht ausdrücken zu können. Ihr Sein ist deswegen v. a. ein Sein der Potenzialität, das aktualisiert werden muss, um das zu werden, wozu sie intendiert ist. Weil sie gespielt werden muss, kann ihr Sinn nicht mehr sein als eine Möglichkeit, vom Interpreten entdeckt zu werden. Der mögliche Sinn hat ein nicht zu fixierendes Anwendungspotential. Davon ausgehend könnte man sie als ein Symbol der Unendlichkeit deuten. Das Ziel der interpretierenden Aktualisierung ist, dass der Hörer an der Musik teilhat. Der Hörer soll den Klang als die Aussage der Musik verstehen. Die expressive Logik soll im Hörer eine Resonanz finden. Die Interpretation ermöglicht es, der musikalischen Entwicklung zu folgen. Dieses Folgen verwirklicht sich im Wechselspiel von

Intuition und Reflexion. Jede musikalische Erfahrung ist durch ein intuitives Erfassen ihrer Tonsprache bedingt. Aber das Verhältnis zu diesem Erfassten modifiziert sich im Laufe des Erklingens der weiteren Folge. Darum wird das intuitive Erfassen reflexiv. Das der Musik-Folgen bedeutet dem Hörer etwas. Durch den musikalischen Ausdruck entsteht ein Eindruck, der im Menschen bleibt, auch wenn das Werk nicht mehr erklingt. In diesem Sinne ist die Musik existenziell.

Durch den Begriff der expressiven Logik wird festgehalten, dass der Komponist, der Interpret und der Hörer auf je unterschiedliche Weise an der Verwirklichung des musikalischen Seins teilnehmen. Man kann diese drei unterschiedlichen Formen von Teilhabe nicht voneinander trennen. Man kann sie aber aus unterschiedlichen Perspektiven betrachten. In diesem Essay betrachte ich den hermeneutischen Zirkel aus der Perspektive der Interpretation: Ich begreife sie als eine künstlerische Tätigkeit, die fähig ist, die expressive Logik der Musik zu verwirklichen. Darum lautet die Frage:

Wie zeigt sich der Logos (manifestiert als die expressive Logik der Musik) in der Musik bei Furtwängler?

Das ist die entscheidende Frage dieses Essays. Diese Frage beantworte ich in vier Schritten:

1. Furtwänglers eigene Aussagen zum Thema: Der Hintergrund des Vordergrundes. Hierbei geht es um das Verhältnis von Sprache und Tonsprache bei Furtwängler.
2. Das In-der-Musik-Sein Furtwänglers als Ermöglichung des Sich-Sammelns um den Logos in der Musik.
3. Die Zeitgestaltung als Beispiel der expressiven Logik seiner Interpretationskunst.
4. Die metaphysische Dimension der Interpretationskunst Furtwänglers.

Das interpretationsästhetische Denken Furtwänglers als der Hintergrund des klanglichen Vordergrundes

„Nicht der Grad der ‚Kühnheit', der Neuheit des Gesagten
vom entwicklungsgeschichtlichen Standpunkt,
sondern der Grad der inneren Notwendigkeit, der Menschlichkeit,
der Ausdrucksgewalt ist Maßstab für die Bedeutung eines Kunstwerkes."[16]

Furtwänglers Denken ist ein aus der Praxis eines Komponisten und eines Dirigenten geborenes Denken. Furtwängler ist kein Philosoph. Aber sein Denken ist in dem Sinne philosophisch, als es sich um ein begriffliches Verstehen der Musik bemüht. Sein Denken ist an sich nicht originell, aber höchst individuell. In seinen Schriften kommt ein tiefes Nachdenken zum Ausdruck. Gleichzeitig kann man seine Interpretationskunst als ein Produkt dieses Denkens deuten. Man muss also das Denken und die Interpretationskunst als eine innere Einheit betrachten.

Das Problem der fehlenden Intuition des modernen Menschen stellt ein bei Furtwängler immer wiederkehrendes Thema dar. Furtwängler empfindet seine Zeitgenossen als überreflektiert: Sie leben nicht, sondern reflektieren nur über das Leben. Damit verlieren sie die Musik. In den Augen Furtwänglers ist Nietzsche hierfür das beste Beispiel: Bei ihm habe das Denken nicht das Leben befruchtet, sondern zerstört.[17]

Zudem ist laut Furtwängler der Siegeszug des wissenschaftlichen Zuganges zur Musik ein Symptom einer Krise. Diese Krise bestünde darin, dass man nicht mehr fähig sei, die Musik zu fühlen. Man habe ein historisiertes Bild von der Musik der großen Klassiker, womit man aber die Aussagekraft dieser Musik verliere.

Für Furtwängler markiert die atonale Musik einen tiefen Schnitt in der Musikgeschichte. Die Atonalität sei Produkt eines Geistes, der den musika-

16 Furtwängler 1994, S. 89.

17 Dieser Gedanke ist zentral in seinem Aufsatz „Der Fall Wagner. Frei nach Nietzsche", in: Furtwängler 1994, S. 121–170.

lischen Bezug zur menschlichen Seele verloren habe. Eine Bestätigung findet Furtwängler im Publikum: Die atonale Musik sei elitär. Sie habe das Volk als Träger der Musik hinter sich gelassen und erreiche die Menschen nicht. Demgegenüber ist es Furtwänglers Ziel, die Seele des modernen Menschen mit seiner Interpretationskunst zu berühren:

> „Was ich erreichen will, ist die ‚Seele' des modernen Menschen. Zur Seele kann man nur mit der Sprache der Natur, mit einer natürlichen, keiner gekünstelten Sprache sprechen. Die Kunst, die zur Seele spricht, ist still – sie will nichts weiter als da sein, d. h. sie macht keine Politik, weder im Negativen noch im Positiven. Sie ruht in sich selbst, erinnert nur scheinbar an die Vergangenheit. Denn sie ist nicht an ihr orientiert, weder positiv noch – wie die Mode von heute – bewusst negativ, protestierend, mit dem Willen, die Vergangenheit zu überwinden."[18]

Im Rahmen seiner Bemühungen, die menschliche Seele zu erreichen, versucht Furtwängler die Tonalität naturphilosophisch zu begründen.[19] Er argumentiert dabei folgendermaßen: Die Tonalität beruhe auf Spannung und Entspannung. Deren fundamentaler Baustein sei die Kadenz. Die tonale Musik korrespondiere mit den „Vitalwerten" des Menschen und sei die Voraussetzung dafür, dass der Hörer sich in der Musik orientieren kann. Sie ermögliche somit das, was Heinrich Schenker das „Fernhören" nannte: Man könne sich über weite Strecken orientieren, weil der Ausgangspunkt immer die Ruhe und Ausgeglichenheit des Tonika-Akkords sei. Furtwängler argumentiert für die tonale Musik, um zu erweisen, dass der ganze Mensch hinter der Musik stehen muss. Die Musik müsse immer für lebende, gegenwärtige Menschen und nicht für „Gehirn-Akrobaten" geschrieben sein. Des Weiteren müsse sie die Gesetze der organischen Formung der Musik verinnerlichen.[20]

Furtwängler liebt die tonale Musik und ist der Auffassung, dass die Liebe die notwendige Voraussetzung der musikalischen Interpretation ist.

18 Furtwängler 1996, S. 336.

19 Er wiederholt seine Darlegung in vielen Schriften, aber am besten dargelegt ist sie im „Essay über tonale und atonale Musik", in: Furtwängler 1983, S. 87–112.

20 Vgl. hierzu Furtwängler 1996, S. 328.

„Es gibt Leute, die die Liebe für ‚erledigt' erklären. Diese Art des Ressentiments, die das Denken der Welt seit Anbeginn nur allzusehr beherrscht, kann uns nicht hindern, denen beizupflichten, die noch etwas von der Liebe halten. Ebenso mit der Tonalität!"[21]

Der Zugang zur Musik erfolgt über die Liebe. Die Liebe zu einem Komponisten oder einem Werk ist eine Antwort auf das in der Musik Gegebene. Furtwängler sieht den liebenden Menschen als denjenigen, der Kunst annehmend verstehen kann. Liebe führt zur Erkenntnis.[22] Furtwängler kann es folgendermaßen ausdrücken:

„Auf ein Kunstwerk muss man sich einstellen, d. h., es ist eine geschlossene Welt, eine Welt für sich. Dieses Sich-einstellen heißt Liebe. Sie ist das Gegenteil vom Abschätzen, vom Vergleichen. Sie sieht das Unvergleichbare, Einzigartige. Die offene Welt, die Welt des abschätzenden Verstandes wird nie einem einzigen Kunstwerk gerecht. Und dies ist die riesengroße Täuschung der Kunstgeschichte. Daher ist die heutige Kunst-Erziehung so falsch. Wenn wir alte Kunst, alte Musik hören schon mit dem Bewusstsein, dass es ‚alte' Musik ist, d. h. nicht restlos unsere eigenste Angelegenheit, so ist es schon falsch."[23]

Die Liebe ist die Triebkraft der Interpretationskunst. Folgendes Zitat kann als Zusammenfassung von Furtwänglers ästhetischem Denken gelten:

„Der Prozess des Bewusstwerdens [...] dehnt sich wie auf die Musik selber, so auch auf die Darstellung aus. Sie ist unmöglich aber ohne Hingabe an das Ganze [...]. Die Liebe, die vom Werk immer neu erschütterte und ergriffene Liebe, ist nie und nimmer zu ersetzen; nur sie schafft die Vorbedingungen für die visionär-richtige Erfassung des Ganzen im Kunstwerk, denn dies Ganze ist – ist es denn ein großes, in die Zeiten wirkendes Werk – nichts als Liebe. Jeder einzelne Teil kann mehr oder weniger mit dem Intellekt, das Ganze aber immer nur mit dem lebendigen Liebesgefühl erfasst werden. Nur die ist dem ganzen Kunstwerk als einem Abbild der wirkend-lebendigen Welt adäquat und gewachsen. Alles Übrige, mag es noch so gescheit sein, ist begrenzt und damit für mich tief langweilig. [...] Unser Verstand ist gemeiniglich nicht tief genug, um seine eigenen Grenzen und damit die wahre Beschaffenheit der Welt zu erkennen."[24]

21 Furtwängler 1996, S. 289.

22 Aus philosophischer Perspektive besteht an dieser Stelle eine auffällige Nähe zum Denken seines (zeitweiligen) Schwagers Max Scheler. Dieser hat einen programmatischen Aufsatz mit dem Titel „Liebe und Erkenntnis" geschrieben. Furtwängler erwähnt in seinen Schriften nie Scheler, aber es ist durchaus nicht verfehlt, von einer verborgenen Scheler-Spur in seinem Denken zu sprechen.

23 Furtwängler 1996, S. 151.

24 Ebd., S. 132f.

Furtwängler sieht die Interpretationsfrage als eine „Schicksalsfrage"[25] an. Denn Interpretation ist mehr als Wiedergabe. Sie ist vielmehr Nachschöpfung eines musikalischen Werkes. Dazu ist ein Durchleben des Interpreten erforderlich: „Das Durchleben des ganzen Werkes in seiner Struktur, als lebendiger Organismus"[26], sei das Ziel der Interpretation. Beethovens Musik sei beispielsweise „nichts Ausgedachtes, nichts Konstruiertes, sondern etwas Gewachsenes, gleichsam unmittelbar aus den ‚Händen der Natur' Hervorgegangenes".[27]

Die Interpretation muss mit anderen Worten das organische Sein des Werkes zur Darstellung bringen. Erst dann kann sie dem Publikum und dem allgemeinen Musikleben ein natürliches Verhältnis zur Musik vermitteln. Furtwängler sieht es als seine Aufgabe an, hierzu einen Beitrag zu leisten. Das Gefühl der Authentizität oder des Mitgerissen-Werdens, das einem beim Hören der Aufnahmen oder gar der Konzerte Furtwänglers überkommen kann, könnte ein Indiz dafür sein, dass ihm dies gelungen ist.[28]

25 Furtwängler 1994, S. 74: „Das Verhältnis zu unserer eigenen Vergangenheit ist uns überall – und nicht zum wenigsten in der Musik – problematisch geworden. Damit bekommen die Fragen der Wiedergabe der Werke dieser Vergangenheit eine früher nicht geahnte Bedeutung, und der Interpret als ihr einziger Vermittler gewinnt eine geradezu verhängnisvolle Wichtigkeit; das Interpretationsproblem wird zu nichts weniger als einer musikalischen Schicksalsfrage."

26 Ebd., S. 12.

27 Furtwängler, 1975, S. 52. Furtwänglers Verständnis des Organismusbegriffes lautet folgendermaßen: „Was ist organisch? Ein Doppeltes ist in diesem Worte einbegriffen. Etwas In-Sich-Lebendes, Abgetrenntes, ein lebendiges, individuelles Wesen, eine Welt, ein Kosmos, eine Atmosphäre – und zugleich etwas, das in den Strom des organischen Geschehens, in den Strom der Generationen eingebettet ist, das damit Zugang zum Unendlichen inmitten seiner Endlichkeit trägt und so über sich hinausweist. Das eine ist so wichtig wie das andere, ja es gehört beides aufs innigste zusammen. Der unorganischen Fühl- und Denkweise geht das Bewußtsein von beidem verloren. Alles Organische ist immer und überall tief religiös gebunden. Es ist zugleich frei, unabhängig, stolz, denn es ist zugleich das, was Goethe höchstes Glück der Erdenkinder nennt: die Persönlichkeit." (Furtwängler 1996, S. 262f.)

28 Vgl. die vielen Berichte und Erfahrungen, die in Matzner 1986 gesammelt sind.

Wenn die Liebe als treibende Kraft der musikalischen Interpretation vorhanden ist, kann ein Denken in der Musik entstehen, das alles andere als ein Versuch ist, die Musik rational zu beherrschen. Furtwänglers Interpretationen sind von einem bestimmten Denken durchdrungen, das ich als ein Sich-Sammeln um den Logos der Musik deute. Diese Sammlung ist bedingt durch das In-der-Musik-Sein Furtwänglers. Das Denken Furtwänglers ist dementsprechend nicht nur in seinen Schriften zu suchen, sondern in seiner Interpretationskunst.

Das In-der-Musik-Sein als die Ermöglichung des hörenden Sich-Sammelns um den Logos der Musik

„Jenen von uns, die den Zugang zur Musik nicht auf dem Umweg über Literatur, Philosophie oder Ideologie suchen, bleibt Furtwängler unersetzlich. Hätte es ihn nicht gegeben, wir hätten ihn erfinden müssen: den Interpreten, dessen Aufführungen ein Musikstück als etwas Vollständiges ausweisen, etwas in allen Schichten Lebendiges, das jedes Detail, jede Stimme, jede Regung rechtfertigt durch den Bezug zum Ganzen.“[29]

Den hermeneutischen Zirkel der expressiven Logik der Musik kann man als ein Sich-Sammeln um den Logos der Musik vertiefen. Der Ausgangspunkt dieser Vertiefung ist die Interpretationskunst Furtwänglers. Es geht darum, sie als eine besondere Form des In-Seins in der Musik zu deuten. Das In-Sein ist der Beginn eines Gedankenganges, der im Wesentlichen von Heideggers Begriff des Denkens ausgeht. Heidegger hat gezeigt, wie das Sich-Sammeln als ein Denken vorzustellen ist.[30]

Das In-Sein in der Musik eines Musikers klingt trivial und selbstverständlich. Das In-Sein Furtwänglers ist die Voraussetzung seiner Interpretationen. Das In-Sein ist bei ihm ein Denken in der und mit der Musik. Ich bin der Auffassung, dass eine Begründung des In-Seins Furtwänglers das Charakteristische seiner Kunst des Musizierens freilegen kann. Es geht hier um ein Verstehen und nicht um eine Analyse. Der Denkbegriff Heideggers und die mit diesen einhergehenden Relationen ermöglichen ein Verstehen des In-Seins. Aber was hat das In-Sein mit dem Denken zu tun? Genügt es nicht, das In-Sein als eine Form des Fühlens und der Empathie darzulegen? Braucht man überhaupt einen besonderen Denkbegriff, um Furtwänglers Interpretationskunst zu verstehen? Der Denkbegriff ist wichtig, weil er anzeigt, wie Furtwängler den Logos der Musik an die Hörer kommuniziert. Der Denkbegriff

29 Brendel, S. 408.

30 In diesem Kapitel beziehe ich mich implizit und explizit auf Heidegger: Nicht nur die Zitate lassen Heidegger zu Worte kommen, sondern der hier eingeschlagene Denkweg an sich wäre ohne einen Impuls durch seine Art zu philosophieren undenkbar.

ist ein hermeneutischer Begriff, der das In-der-Musik-Sein Furtwänglers als einen Ort des Logos der Musik deutet. Ich beginne den Gedankengang mit einem Bild:

> Furtwängler ist in der Musik. Er hält sich in der Musik auf. Sein Denken kommt vom Musizieren. Die Musik ist sein Zuhause. Er atmet in seinem Zuhause. Er weiß um die Dinge im Haus, weil er immer dort gewohnt hat. Das Haus ist ein altes, das er empfangen hat. Es steht da seit Jahrhunderten. Sein Leben ist ein Hineinwachsen in den Geist des Hauses, den er weitergeben möchte. Denn er liebt dieses Haus.

Das Bild braucht nicht weiter verfolgt zu werden. Es ist aber wichtig festzuhalten, dass man ihn ohne dieses vertraute In-Sein im Haus, das heißt: das In-Sein in der Musik, nicht verstehen kann. Furtwängler redet als einer, der im Haus wohnt, wenn er davon spricht. Sein Musizieren ist vom Subjektivismus durchdrungen, allerdings handelt es sich um einen Subjektivismus, der im Haus und nur von dort her zu interpretieren ist. Furtwängler muss sich des Seins im Haus nicht vergewissern. Philosophisch gesagt: Er steht vor dem Haus. Er muss das Verhältnis zum Haus nicht konstruieren.[31] Er muss den Bezug zur Wirklichkeit nicht in einem Denkakt herstellen. Sein Denken ist eine Weise des In-Seins. Das Denken ist nicht etwas, was er neben dem Musizieren tut, sondern es verwirklicht sich darin. Seine Interpretationskunst ist eine Form des musikalischen Denkens. Dieses Denken gilt es nun näher zu bestimmen.

Heideggers Denkbegriff umfasst den ganzen Menschen in einer bestimmten Hinsicht: Diese Hinsicht ist die menschliche Wahrnehmung des wesentlichen Seins. Er analysiert nicht die Geistfähigkeiten oder die Dispositionen des Menschen, sondern versteht das Denken als ein Konstitutivum des menschlichen Seins. Er sieht den Menschen immer in Gefahr, sich vom Denken zu entfremden.[32] Darum versteht sich sein Denken als eine Einladung zur Besinnung. Wie so oft greift Heidegger auf die Etymologie zurück: Er denkt das Denken vom alten Wort „Gedanc" her, den er als die „Versammlung bei dem,

31 Vgl. Heidegger 1997 und 2001.

32 Das Gedankenlose ist bei Heidegger nicht ein Mangel an Verstand und geistiger Kapazität, sondern an Herz und Verinnerlichung.

was sich allem Sinnen wesenhaft zuspricht", versteht.[33] Der „Gedanc" ist kraft des Gedächtnisses schon beim Wesentlichen. Darum ist das Gedächtnis etwas anderes als eine bloße Ansammlung von Daten. Das Gedächtnis ist vielmehr „minne" als „die ihrer selbst nicht mächtige und darum auch nicht notwendig erst eigens zu vollziehende Zuneigung des innersten Sinnens des Gemüts nach dem Wesenden."[34] Der „Gedanc" kommt vom Danken. Der Dank ermöglicht ein Verstehen, das uns zum Wesentlichen führt. Darum ist Denken ein Bleiben beim Wesentlichen. Es ist „Andacht" als die Vergegenwärtigung des Wesentlichen. Das Denken sammelt sich beim Wesentlichen. Das Wesentliche ist nicht das vom Menschen Gemachte, sondern das Gegebene.

Auf die Musik übertragen heißt dies: Das musikalische Denken ist der Dank, der sich um das Wesentliche als das Gegebene versammelt. Der Dank impliziert ein Sich-Freuen und führt zu einem Bewahren. Die Musik gibt etwas her, worüber der Mensch sich freut. Er möchte sie in seinem Inneren bewahren. Für den Interpreten der Musik bedeutet die Bewahrung das Weitergeben des Gegebenen. Das Gegebene hat eine Resonanz im Menschen. Das Gegebene stiftet einen inneren Lebensbezug. Dieses Gegebene ist die Begründung des In-Seins. Bei Furtwängler ist die Vermittlung des in der Musik Gegebenen besonders intensiv. Das Gegebene ist das Lebenselement und die Kraft zum Tätig-Sein für die Weitergabe der Gabe. Die nächste Frage entsteht:

Was ist die Gabe?

Was kommt in der Musik zum Ausdruck?

Zunächst geht es darum, den schon zur Sprache gebrachten Begriff des Wesentlichen näher ins Auge zu fassen. Das Wesentliche ist das, was uns bei der Musik angeht. Die fast allgemeine Erfahrung des Musik-Hörens, dass man sich bei einem bestimmten Werk gern aufhalten und es immer wieder hören möchte, erfordert ein Nachdenken. Die Musik führt zu einer existenziellen Betroffenheit. Wenn man versucht, die Bedeutung der Musik zur Sprache zu bringen, kommt man schnell zum Unsagbarkeits-Topos. Das philosophische Nachdenken kann aber beim Unsagbaren nicht stehen bleiben, sondern muss versuchen, das Unsagbare als Ansporn für weiteres Denken zu nehmen.

33 Heidegger 1997, S. 92.

34 Ebd.

An dieser Stelle schlage ich vor, den Logos-Begriff einzuführen. Denn er ermöglicht, (a) das Sich-Sammeln um die Musik und (b) das In-der-Musik-Sein als eine Form des Denkens zu begründen. In *Sein und Zeit* gibt Heidegger folgende Beschreibung des Logos-Begriffs:

> „Und weil die Funktion des Logos im schlichten Sehenlassen von etwas liegt, im Vernehmenlassen des Seienden, kann Logos Vernunft bedeuten. Und weil wiederum Logos gebraucht wird nicht nur in der Bedeutung von legein, sondern zugleich in der von legomenon, das Aufgezeigte als solches, und weil dieses nichts anderes ist als das hypokeimenon, was für jedes zugehende Ansprechen und Besprechen je schon als vorhanden zum Grunde liegt, besagt Logos qua legomenon Grund, ratio. Und weil schließlich Logos auch legomenon bedeuten kann: das als etwas Angesprochene, was in seiner Beziehung zu etwas sichtbar geworden ist, in seiner ‚Bezogenheit', erhält Logos die Bedeutung von Beziehung und Verhältnis."[35]

Auf die Musik angewandt bedeutet dies: Logos bedeutet das Vernehmen-Lassen der Wirklichkeit. Er lässt in der Musik etwas erblicken. Durch den Logos enthüllt sich der Sinn. Der Sinn ist die Vernunft im Wirklichen. Der Logos stiftet die Relationen zwischen Musik und Mensch, in dem dieser beim Hören am Sinn jener teilhat. In diesem Sinne sorgt der Logos in der Musik für das Sich-Sammeln. Indem er den Sinn offenbart, ruft er den Hörer zu sich.

Heidegger deutet in seiner Heraklit-Interpretation den Logos als *legein*.[36] Der Logos ist das Vorliegende und somit der Grund der Sammlung. Im Sich-Sammeln um diesen Grund sind der Komponist, der Interpret und der Hörer anwesend.

> „Legein ist legen. Legen ist: in sich gesammeltes Vorliegen-Lassen des beisammen Anwesenden."[37]

35 Heidegger 2001, S. 34.

36 Heidegger 2007, S. 205. Vgl. ebd., S. 203: „Der Logos bringt das Erscheinende, das ins Vorliegen Hervor-Kommende, von ihm selbst her zum Scheinen, zum gelichteten Sichzeigen."

37 Ebd., S. 203.

Das Entscheidende ist dies: Im Sich-Sammeln vollzieht sich ein Hören. Der Komponist hat die musikalische Logik nicht aus dem Nichts geschaffen, sondern ist Hörender auf das, was beim Komponieren Sinn macht. Er folgt dem Logos.[38] Der Interpret ist ebenso ein Hörender. Er versucht kraft seiner liebenden Hingabe den Logos nachzuschaffen. Er verfolgt, wie der Logos sich in der Musik vernehmen lässt. Er macht den Logos anwesend. Der Hörer nimmt den Logos wahr. Der Grund der unterschiedlichen Formen von Teilhabe am Logos hat seinen einheitlichen Bezugspunkt in einem Gehören:

> „Hören – dem Logos gehören. Die Sterblichen müssen, wenn ein eigentliches Hören sein soll, den Logos schon gehört haben mit einem Gehör, das nichts Geringeres bedeutet als: dem Logos gehören."[39]

Földenyi schreibt treffend über den Logos im Menschen:

> „Unerforschlich ist die Seele wegen des ihr innewohnenden Logos. [...]
> Als begrenzte Grenzenlosigkeit ist sie gleichzeitig außer sich und in sich."[40]

Nach Heidegger vernimmt der Mensch im Hören eine Zusage. Durch das Hören auf diese Zusage kommt der Mensch in den Bereich des Wesentlichen. Wenn wir diesen Gedanken auf die Musik anwenden, bedeutet er, dass der Sinn der Musik zu uns kommt, weil wir ihm schon zugehören. Wir konstruieren nicht aus den akustischen Tönen einen Zusammenhang. Die Musik gibt sich stattdessen als schon existierender Zusammenhang. Das Hören auf diesen Zusammenhang ist der Grund der Fähigkeit des Ohrs, Geräusche und Töne wahrzunehmen.

> „Wir hören nicht, weil wir Ohren haben. Wir haben Ohren und können leiblich mit Ohren ausgerüstet sein, weil wir hören."[41]

38 Heidegger 2006 hat dies anhand von Mozart begründet. Er sagt dort, dass „Mozart der Hörendsten einer unter den Hörenden gewesen, d. h. west und also noch ist. (S. 118) Er beruft sich auf eine berühmte Stelle bei Mozart, in der dieser die Inspiration erklärt. Für Heidegger geht es darum, das Hören als ein Erblicken zu verstehen.

39 Heidegger 2007, S. 208.

40 Földényi, S. 110.

41 Heidegger 2004, S. 220.

Das Hören geht ebenso dem Denken voraus. Das Denken „ist ein Hören der Zusage, die uns sagt, was es für das Denken zu denken gibt.“[42]

Für Furtwängler ist Interpretieren nicht Beherrschung, sondern ein Sich-Hineinleben in das Gesagte der Musik. Als Interpret ist er ein Hörender. Dadurch ist er im Innersten mit dem Komponisten und dem Hörer vereint. In diesem Sinne stiftet die Musik Gemeinschaft. Wenn der Interpret aufhört zu hören, entfremdet er sich der Musik. Der Logos tritt zurück. Damit verliert man nichts Geringeres als die Wirklichkeit der Musik.[43]

Im Folgenden möchte ich die Versammlung um den Logos der Musik anhand der Zeitgestaltung Furtwänglers exemplifizieren.

42 Heidegger 2007, S. 169.

43 Ich möchte an dieser Stelle die Deutung von Furtwänglers Interpretationskunst mit Heideggers Philosophie abbrechen. Man könnte den Gedankengang aber mit dem Heideggerschen Begriff der Bewahrung fortsetzen: Furtwänglers Interpretationskunst könnte man als ein Bewahren der Wahrheit und so als gemeinschaftsstiftende Kunst darlegen.

Die Zeitgestaltung in der Interpretationskunst Furtwänglers als Beispiel ihrer Sammlung um den Logos

„Erst wenn sich in dem sinnlichen Element der Töne
und ihrer mannigfaltigen Figuration Geistiges
in angemessener Weise ausdrückt,
erhebt sich auch die Musik zur wahren Kunst,
gleichgültig, ob dieser Inhalt für sich seine nähere Bezeichnung
ausdrücklich durch Worte erhalte
oder unbestimmter aus den Tönen
und deren harmonischen Verhältnissen
und melodischer Beseelung müsse empfunden werden.“[44]

„So und nicht anders“: das ist ein Urteil, das sich als Aussage sowohl über die Komposition als auch über die Interpretation verstehen lässt. Im Rahmen meiner expressiven Logik lässt sich das Urteil nicht aufteilen. Es ist eine Aussage über die Musik in der Existenzweise als gespieltes und das heißt interpretiertes Werk. Man kann das Urteil als das Gefühl einer ästhetischen Notwendigkeit artikulieren. Ästhetische Notwendigkeit ist ein (intuitives und reflexives) Urteil des Musik hörenden Verstehens. Intuitiv ist es, wenn man die Musik in ihrem klingenden Verlauf als logische Folge versteht. Reflexiv ist es, wenn man die ästhetische Notwendigkeit als reflexives Urteil vom Ende her versteht: Erst dann tut sich die ganze Geschichte, der Erzählverlauf der Musik auf. Beide Urteilsformen als Einheit denken heißt, die Logik der Musik als Narrativ zu erfassen. Das Urteil gründet sich auf das Verstehen der musikalischen Zusammenhänge. Die musikalischen Zusammenhänge sind ein anderer Ausdruck für die Logik der Musik. Das Verstehen der Logik der Musik ist eine Sache der ästhetischen Erfahrung von Musik. Das Verstehen ist durch die Weise bedingt, wie die Musik in der Zeit fortschreitet. Die Bewegung der Musik als das Hervortreten der musikalischen Zusammenhänge ist von der Interpretation der Musik abhängig. Musikalische Interpretation impliziert ein wesentliches

44 Hegel, S. 148f.

Verhältnis zu den unterschiedlichen Zeitdimensionen der Musik. Die Zeitgestaltung der Musik ist deswegen ein Thema der musikalischen Interpretation. Eine Aussage über die Zeitgestaltung einer bestimmten Interpretation ist eine Aussage über das Sein der Musik in der Form des Erklingens. Die geistige Fähigkeit, Zusammenhänge in der Musik zu hören, impliziert eine musikalische Ordnung innerhalb des Ganzen. Die Interpretation ist als Gliederungsversuch zu verstehen.

Wie gliedert Furtwängler die Zeit?

Wie schafft Furtwängler mit Hilfe der Zeitgestaltung den erwünschten Ausdruck?

Wie kann man diesen bestimmten Ausdruck beschreiben?

Der Begriff der Gestaltung ist künstlerisch. Es geht beim Interpretationsakt nicht um die Nachbildung eines Modells, sondern um die schöpferische Wiedergabe der Tonsprache. Die Gestaltung der Zeit ist ein konstitutiver Teil der Wiedergabe. Sie erfordert eine hohe Imaginationskraft, die mit einer persönlichen Aneignung des Werkes einhergeht. Der Akt des Interpretierens ist die Versinnlichung eines geistigen Prozesses. Das Verständnis der Musik wird sinnlicher Klang. Die Versinnlichung des geistigen Verstehens ist Teilhabe an der expressiven Logik der Musik. Darin realisiert sich der Logos in der Musik. Dadurch wird der sinnliche Klang geistig. Er appelliert an das Verstehen des Hörers. Es gilt nun, den Zusammenhang von Logos und Hören anhand der Zeitgestaltung Furtwänglers herauszuarbeiten.

In der Musiktheorie ist die Zeitgestaltung die Lehre von der Agogik. Begriffen als eine Form der künstlerischen Aktivität ist die Agogik eine Weise, wie die Musik als zusammenhängende Struktur in der Zeit erklingt. Die Agogik Furtwänglers äußert sich in besonderer Weise als eine flexible Gestaltung des Tempos. Furtwängler lässt das Anfangstempo nicht für die Gestaltung eines ganzen Satzes oder Stückes normativ sein. Sie ist nicht die Durchführung eines gesetzten Tempos. Man bekommt eher das Gefühl, dass das Tempo etwas anderem folgt. Das Tempo ist Teil der Vermittlung der Botschaft der Tonsprache. Durch das flexible Tempo kommt etwas zum Ausdruck. Mit Matzner deute ich dieses Etwas als die innere Dramatik der Musik. Matzner spricht sogar von „Furtwänglers Tempodramaturgie“[45].

45 Matzner 1998, S. 10.

> „In seinem Fall war das Tempo nicht die Funktion eines mehr oder minder frequenten musikalischen Pulsschlags, sondern Funktion einer übergreifenden, übergeordneten musikalischen Dramaturgie. Diese musikalische Dramaturgie macht einen Großteil des Faszinosums Furtwänglers aus."[46]

Das Tempo strukturiert die Dramatik der Musik und ist ein inneres Gestaltungsprinzip der Interpretation. Folgende Beispiele mögen dies beleuchten:

1. Furtwängler kann das Anfangstempo bewusst unbestimmt gestalten. Dies geschieht in den ersten Takten desselben Werkes. Die Ungewissheit des Tempos erzeugt eine mystische Stimmung. Anhand dieses Anfangs gestaltet sich der weitere Verlauf als höchst dramatisch. Die Bewegung hin zum ersten Fortissimo (Takt 17ff) ist eine langsame Entwicklung, in der das Tempo erst Gestalt annimmt.
2. Furtwängler beschleunigt das Tempo rasant, wenn die Musik sich einem Kulminationspunkt nähert oder wenn sie zu etwas Bestimmten führen soll. In Furtwänglers Interpretation des ersten Satz der Neunten Symphonie Beethovens tritt dies deutlich hervor.
3. Eine tiefgreifende Wirkung auf das Verständnis der musikalischen Dramatik hat das plötzliche Setzen eines langsameren Tempos, wie zum Beispiel am Anfang der Durchführung des ersten Satzes der Eroica-Symphonie. Man bekommt das Gefühl, dass nun etwas Wichtiges passiert.
4. Furtwängler ist bekannt für langsame Tempi. Dieses Urteil entspringt der Intention, ihn als einen typischen Vertreter der romantischen Interpretationskunst zu verstehen. Seine Mozart-, Beethoven- und vor allem Brahmsinterpretationen zeigen das Gegenteil. Furtwängler ist im Vergleich zu anderen oft schneller. Ein eindrückliches Beispiel ist der Anfang der 40. Symphonie von Mozart. Das schnelle Tempo schafft einen unvergleichlichen Ausdruck von Unruhe.
5. Die flexible Tempogestaltung ist nicht die einzige Form der Zeitgestaltung. Auch die Gestaltung der einzelnen Phrase kann bei Furtwängler als Modifikation des Tempos verstanden werden. Die Gestaltung des Rhythmus als die kleinste Gliederung der Zeit ist Teil einer Flexibili-

46 Matzner 1998, S. 8.

tät, die oft den Puls der Musik dehnt. In diesem Sinne kann man von Furtwängler als einem Rubato-Dirigenten sprechen. Dieses Urteil ist allerdings nur dann richtig, wenn man das Rubato nicht als Ausdruck von Furtwänglers Gefühlen beim Dirigieren, sondern als Gestaltung des musikalischen Ausdrucks auffasst. Ein gutes Beispiel ist wieder der Anfang der Neunten Symphonie von Beethoven. Beim schon erwähnten ersten Fortissimo-Einsatz holt Furtwängler Luft bevor das ganze Orchester einsetzt. Dann sitzt er gewissermaßen auf jedem 32-tel. Er dehnt sie alle, um ihre Bedeutung im Ganzen klar zu machen.

6. Furtwängler arbeitet viel mit Pausen. Das führt dazu, dass die Musik atmet. Pausen bedeuten nicht nur das Fehlen von Klang, sondern sind ein Teil der dramatischen Einheit eines Werkes. Es gibt Phasen in der Musik, in denen nicht so viel passiert. In einem totalen Kontext versteht man aber, dass diese Ruhepausen Teil eines größeren Zusammenhangs sind. Ein Beispiel ist der dritte Satz der Neunten Symphonie von Beethoven. Furtwänglers langatmige und extrem langsame Gestaltung ist durch die Dramatik der Sätze vor und nach dem dritten Satz bedingt. Der dritte Satz ist in Furtwänglers Interpretation ein langes Ausatmen, das ein tiefes Luft-Holen hervorruft. Umso gewaltiger setzt dann der Anfang des vierten Satzes ein.

Die Zeitgestaltung Furtwänglers begreife ich als das Wechselspiel zwischen den unterschiedlichen Teilen und der Ganzheit eines Werkes. Das Werk wird aus der Perspektive einer Gesamtvision interpretiert. Dadurch erhalten die Teile aus dem Gesamtkontext heraus einen bestimmten Stellenwert. Das in dieser Zeitgestaltung zugrundeliegende Denken ist organisch. Furtwängler stellt sich ein Werk als einen Organismus vor. Dies kann man nicht nur hören, sondern in seinen Schriften nachlesen. Sein ästhetisches Denken ist von daher als der Hintergrund des klanglichen Vordergrundes zu betrachten. Das organische Denken und die Zeitgestaltung machen eine innere Einheit aus. Karla Höcker hat folgende Aussage von Furtwängler überliefert:

> „Ich gehe immer vom Werdenden aus, nie vom Seienden. [...] Die Musik ist für mich niemals fertig; sie entwickelt sich vom ersten Takt an und so, wie dieser angeschlagen wird, muss alles weitere logisch daraus hervorgehen; auch das Tempo. Es gibt ein ‚Lokaltempo', ähnlich, wie es in der Malerei ein ‚Lokalkolorit' gibt.

> Das Tempo muss einen Kompromiss anstreben zwischen demjenigen, das erreicht werden soll, und demjenigen, durch das ich zu diesem neuen hingelange. Wichtig ist die Gesamtstimmung, die Gesamtatmosphäre eines Werkes, die muss einem vollständig bewusst sein."[47]

Die vom Organismus-Denken herkommende Zeitgestaltung macht deutlich, dass Furtwängler etwas wiederspiegeln will, was im Klang liegt und so vom Hörer verstanden wird. Furtwängler denkt die Musik in der Korrespondenz zur menschlichen Seele. Die Musik sagt etwas über die Seele, was nur sie kann. Dieses Denken, das das gesamte Wirken Furtwänglers prägt, bedarf einer philosophischen Begründung. Die Begründung liegt meines Erachtens in einer musikalischen Theorie des Logos bzw. der expressiven Logik. Wenn Furtwängler Beethoven dirigiert, kommt etwas zur Sprache, was eine tiefgreifende ästhetische Erfahrung auslöst. Die Bezauberung durch den Klang ist kein Mysterium, sondern lässt sich als Teilhabe am Logos der Musik verstehen. Es geht Furtwängler nicht um sich oder um den Komponisten, sondern um den sinnlich wahrnehmbaren Logos der Musik. Der Logos in der Musik ist meine Begründung von Furtwänglers Theorie einer Korrespondenz zwischen der Musik und der Seele.

Es gibt viele Kriterien dessen, was man als eine gute Interpretation bezeichnen kann. Nach dem bisher Entwickelten möchte ich folgendes Kriterium vorschlagen: *Das Kriterium einer guten Interpretation ist, wie die Interpretation eine Teilhabe am musikalischen Logos seitens des Hörers ermöglicht.*[48] Es sollte deutlich geworden sein, dass sich Furtwänglers Interpretationskunst als besonders geeignet erweist, wenn es darum geht, die Zeitgestaltung als eine Form des musikalischen Verstehens im Rahmen des hermeneutischen Zirkels von Komponisten, Interpreten und Hörer zu artikulieren. Furtwängler gelingt es z. B. in der Beethoven-Interpretation im Klang etwas zu realisieren, was Dahlhaus treffend als eine „teleologische Zeitlichkeit" versteht:

47 Höcker, S. 100. Das Buch ist von Furtwängler autorisiert.

48 Adorno arbeitet mit folgendem Kriterium einer Musikkritik: „Musikalische Reproduktion hat prinzipiell ihr Maß an der Angemessenheit an die Sache, und zwar nicht an den Notentext und seine Zeichen allein, sondern an die subkutane Struktur." (Bd. 19, S. 582) Eine gewisse Ähnlichkeit mit meinem Vorschlag besteht durchaus. Dennoch liegt ein Unterschied insofern vor, als ich den Hörer mit in das Kriterium aufnehme. Ansonsten dürfte das Ausmaß an Ähnlichkeit davon abhängen, was Adorno mit der „subkutanen Struktur" meint.

„Das symphonische Allegro scheint unaufhaltsam einem Ende entgegenzustreben, das als Ziel und Resultat erscheint; und der einzelne musikalische Augenblick beruht weniger in sich selbst, als daß er dazu herausfordert, als Konsequenz des Vorausgegangenen und als Prämisse des Folgenden erfasst zu werden. Die Substanz der Gegenwart besteht in der Vergangenheit, aus der sie hervorgeht, und in der Zukunft, die sie herbeiführt.“[49]

Der nächste Schritt besteht darin, die Interpretationskunst Furtwänglers in Hinsicht auf die ästhetische Erfahrung des Hörers zu bedenken. Die Frage nach dem Wie der musikalischen Erfahrung in der bestimmten Interpretation impliziert nämlich eine Aussage über die Zeit. Die Explikation der Zeit in der Interpretation ist auf das auditive Zeiterlebnis bezogen und erfordert eine philosophische Vertiefung. Der Zusammenhang mit dem Vorhergehenden ergibt sich aus der These dieses Kapitels: Die Zeitgestaltung Furtwänglers ermöglicht eine bestimmte Form von ästhetischer Erfahrung der Musik, die die Zeit als solche transzendiert. Die Zeitgestaltung führt zur Entzeitlichung des die Musik hörenden Subjekts. Die Entzeitlichung ist eine Folge der Eigenzeit der Musik.

„Musik als Zeitkunst ist mithin eine Kunst, die die Kontingenz einer Aufeinanderfolge von Momenten in deren Notwendigkeit verwandelt und sie dadurch aus der allgemeinen Zeitordnung heraushebt.“[50]

Die Erkenntnis der Eigenzeit der Musik, begriffen als deren ästhetische Notwendigkeit, bedarf einer besonderen Hinwendung seitens des Hörers. Es bedarf einer ästhetischen Kontemplation, die das bloße sinnliche Wahrnehmen überschreitet. Michael Theunissen hat dies gut zum Ausdruck gebracht:

„Sinnliche Wahrnehmung wird zur ästhetischen Anschauung, indem das Subjekt vermöge seines gewaltsamen Sich-Losreißens von der Zeit gewaltlos in den Gegenstand sich versenkt.“[51]

49 Dahlhaus, S. 115.

50 Hindrichs, S. 113.

51 Theunissen, S. 288.

Die Gegenwart der Musik ermöglicht ein Verweilen in der Musik. Theunissen deutet dies als „Licht der Ewigkeit", das jedoch nie zum Besitz wird und deswegen „keine eindeutige Realität"[52] sei. Das Fehlen der eindeutigen Realität ist ein Ausdruck für ästhetische Freiheit. Die Freiheit ist aber keine Illusion oder nur ein Traum. Sie ist nicht Teil des Kultes der Lüge, den Nietzsche gefordert hat. Die ästhetische Freiheit ist nicht die Un-Wahrheit, sondern ganz im Gegenteil als ein Hörbarwerden der Wahrheit zu verstehen. Die Entzeitlichung in Furtwänglers Kunst des Musizierens ist besonders geeignet als „ereignishaft" beschrieben zu werden. Ein Ereignis geschieht. Es ist nicht planbar. Es kann zu einer neuen Einsicht beitragen. In diesem Sinne bereichert die Kunst das Leben. Sie ermöglicht etwas, was nur durch sie stattfinden kann.

> „Das Ereignis bringt ein Draussen ins Spiel, das das Subjekt aufbricht und es aus seiner Unterworfenheit herausreißt. Ereignisse stellen Brüche und Diskontinuitäten dar, die neue Freiräume eröffnen."[53]

Der Rückgang auf die alten Aufnahmen mit Furtwängler ermöglicht einen solchen ereignishaft sich öffnenden Freiraum. In diesem Freiraum kann man trotz der teilweise schlechten Tonqualität an etwas teilhaben, was ich als Logos in der Musik beschrieben habe. Die ästhetische Erfahrung der Interpretationskunst Furtwänglers öffnet aufgrund ihrer Bezogenheit auf den musikalischen Logos eine Dimension der Musik, die die Musik als solche transzendiert. Diese metaphysische Dimension möchte ich in einem letzten Gedanken entwickeln.

52 Ebd., S. 295.

53 Han, S. 103.

Die metaphysische Dimension der Musik

„[...] weil am tiefsten in die Seele Rhythmus und Harmonie eindringen, sie am stärksten ergreifen und ihr edle Haltung verleihen."[54]

Die Erfahrung des Logos in der Musik drückt eine Beziehung zum Weltall aus. Die Kunst vermittelt als Logos eine sinnliche Wahrnehmung des Weltgrundes. Die Musik, die sich als ein Hören des Komponisten auf den Logos (konkretisiert in der expressiven Logik in der Musik) deuten lässt, ist eine Widerspiegelung der vernünftigen Wahrheit des Seins. Demzufolge ist eine metaphysische Betrachtung unumgänglich. Schelling hat meines Erachtens Recht, wenn er in seiner Kunstphilosophie betont, dass die Philosophie nicht das Kunstwerk im Besonderen interpretiert, sondern dieses Besondere in Relation zum Ganzen.

> „Ich konstruiere demnach in der Philosophie der Kunst zunächst nicht die Kunst als Kunst, als dieses Besondere, sondern ich konstruiere das Universum in der Gestalt der Kunst, und Philosophie der Kunst ist Wissenschaft des All in der Form oder Potenz der Kunst."[55]

Das All in der Potenz der Musik zu konstruieren, ist für Schelling die philosophische Methodik schlechthin. Eine Potenz ist eine ideelle Bestimmung des absoluten Seins.[56] Erst durch die Erhebung zum Ganzen, kann man das musikalische Werk richtig einschätzen. „Wer sich also nicht zur Idee des Ganzen erhebt, ist gänzlich unfähig ein Werk zu beurteilen."[57] Furtwänglers Interpretationskunst zieht den Hörer zur Idee des Ganzen. Um dies zu

54 Platon, 401a.

55 Schelling 2004, S. 151.

56 Vgl. ebd., S. 149: „Es ist wahrhaft und an sich nur Ein Wesen, Ein absolut Reales, und dieses Wesen als absolutes ist unteilbar. So dass es nicht durch Teilung oder Trennung in verschiedene Wesen übergehen kann; da es unteilbar ist, so ist Verschiedenheit der Dinge überhaupt nur möglich, insofern es als das Ganze und das Ungeteilte unter verschiedenen Bestimmungen gesetzt wird. Diese Bestimmungen nenne ich Potenzen. Sie verändern schlechthin nichts am Wesen, dieses bleibt immer und notwendig dasselbe, deswegen heißen sie ideelle Bestimmungen."

57 Ebd., S. 141.

erweisen bedarf sie einer philosophischen Darlegung. Diese Darlegung habe ich annäherungsweise versucht, indem ich den Logos thematisiert habe. In diesem letzten Kapitel gilt es nun, die Beziehung zum Ganzen näher zu betrachten. Ich gehe vom folgenden, auf Schelling beruhenden Gedanken aus: *Das Ideelle in der Musik ist das Reale.*[58] Dieser Gedanke von Schelling könnte als Motto für Furtwängler stehen. Er sucht das Ideelle in der Musik auf und möchte ihm folgen, damit es im Erklingen real wird. Seine Brahms-Interpretation mag dies veranschaulichen.

In Furtwänglers Brahms-Interpretation ist die Sachlichkeit der musikalischen Aussage von fundamentaler Bedeutung. Was meint er aber mit Sachlichkeit:

> „Sachlichkeit speziell auf dem Gebiete der Musik kann doch wohl nur heißen klare, präzise Einsicht in das, was die Musik zur Kunst macht. Und das geschieht da, wo die Logik eines seelischen Ablaufes zur Logik eines rein musikalischen Prozesses wird, wo mit anderen Worten Musik und Seele, Seele und Musik so sehr eins werden, dass sie schlechterdings nicht und durch nichts zu trennen sind, von welcher Seite man auch an sie herangehe."[59]

Die Musik wird zur Kunst, wo das Menschliche musikalisch wird, so dass man das Menschliche und die Seele nicht trennen kann. Dies bedeutet nichts anderes als Innerlichkeit. Eine sachliche Musik ist Ausdruck dessen, was im Inneren des Menschen vor sich geht. Das Innere des Menschen ist der Ort, wo äußeres Leben aufbewahrt und erinnert wird. Das Ideale bei Brahms ist die Weise, wie das Menschliche zur Musik wird. Es handelt sich um eine musikalische Reflexion des Menschlichen, die das Menschliche in der Form der Innerlichkeit erklingen lässt. Brahms habe, so Furtwängler, die Fähigkeit zur Konzentration. Seine Musik sei die konzentrierte Wiedergabe der musikalischen Botschaft. Die musikalische Form sei hierdurch bei Brahms nicht um ihrer selbst willen da, sondern um der Botschaft der Musik willen. Kurzum:

58 Vgl. hierzu Schelling 2004, S. 175. „Wer sich noch nicht zu dem Punkte erhoben hat, dass ihm das absolut Ideale unmittelbar und eben darum auch das Reale ist, ist weder des philosophischen noch des poetischen Sinns fähig. Die Frage nach einer Wirklichkeit, wie sie im gemeinen Bewusstsein gemacht wird, hat in Ansehung dessen, was absolut ist, gar keine Bedeutung, im Poetischen so wenig als im Philosophischen. Diese Wirklichkeit ist keine wahre Wirklichkeit, vielmehr im wahren Sinn Nichtwirklichkeit."

59 Furtwängler 1994, S. 43.

Brahms ist die konzentrierte, verinnerlichte und sachliche Widerspiegelung der Innerlichkeit des Menschen. Furtwängler gibt Brahms immer einen warmen Klang. Auffällig sind dabei der dichte Streicherklang und die Intensität der melodischen Bewegungen. Für Furtwängler besteht kein Gegensatz von Sachlichkeit und Wärme. Darin liegt eine interpretatorische Leistung. Denn oft wird die Wärme und Intensität bei Brahms nur in der Weise gefühlt als wäre die Musik Mittel zur Darstellung der Gefühle des Interpreten. Die Wärme ist bei Furtwängler immer sachlich. Sie drückt ein Vertrauen darauf aus, dass die Tonsprache so erklingt, wie sie klingen soll, wenn der Interpret sich ihrem konzentrierten Ausdruck hingibt. Denn erst dann erhält die Musik einen natürlichen Ausdruck. Darin steckt eine weitere Bestimmung des Ideellen in der Brahms-Interpretation Furtwänglers.

> „Brahms vermochte es – und darin war er seinen großen Vorgängern ähnlich –, eine Melodie zu schreiben, die bis in die kleinsten Biegungen hinein sein Eigentum war und doch wie ein Volkslied klang. Oder umgekehrt gesagt: eine Melodie, die ein wirkliches, echtes Volkslied – und doch von Brahms war.“[60]

In philosophischer Sprache deutet Furtwängler diesen Tatbestand so:

> „Brahms gelang […] jene rätselhafte Synthese von subjektiver Eigenart und objektiver Verwirklichung, jene Verbindung von scheinbar individuell-begrenzter Natur und schrankenloser Hingabe an Höheres und uns alle Verbindendes.“[61]

Mit diesen Worten wird klar, dass die Musik von Brahms menschlich ist; menschlich nicht nur individuell, sondern auch im allgemeinen Sinne. Das Menschliche, das alle Menschen verbindet, drückt Brahms musikalisch aus.[62] Das Menschliche ist das Endliche. Die Endlichkeit des Menschen ist ein großes Thema bei Brahms. In der Endlichkeit liegen Resignation und Verzweiflung, aber auch die Möglichkeit ins Grenzenlose hervorzustoßen. Furtwänglers Brahms ist zutiefst von einer Dimension der Hoffnung geprägt. Dies ist im warmen Klang deutlich wahrzunehmen. Die Schönheit der Musik gibt trotz ihres oft verzweifelten und dramatischen Ausdrucks dem Hörer den Eindruck, dass die Musik an sich die verängstigte Seele wärmt und ihr Trost

60 Ebd., S. 50f.

61 Ebd., S. 51.

62 Vgl. Sandberger, S. 46: „Immer steht der Mensch im Mittelpunkt der Musik: als Komponist, als Interpret oder als Hörer. Dies ist Furtwänglers großes Vermächtnis.“

spendet. Darin liegt die moralische Tiefendimension der Musik: Kraft ihrer Schönheit verbindet sie den Menschen mit dem Gefühl einer allumfassenden Liebe. Womit ich wieder beim Ideellen bin: Dieses Ideelle gilt es künstlerisch zu verwirklichen. Ich sehe Furtwänglers Brahms-Interpretation als ein großartiges Material für eine Philosophie der Musik, die versucht, das Universum in der Potenz der Musik darzustellen.

Furtwängler befindet sich mit seiner Interpretationskunst in einer Nähe zu Schellings Philosophie der Musik. Denn einerseits ist die Naturgebundenheit der Musik durch den Klang etwas, was Furtwängler tief bewegt. Andererseits ist die Musik „die geistigste Kunstform, weil sie die reine Bewegung, den kosmischen Rhythmus, das Werden der Dinge und die Einheit des Mannigfaltigen repräsentiert und dem endlichen Denken des Menschen begriffslos zugänglich macht".[63] Hierdurch kommt die Natur zu einer Selbstanschauung. In diesem Prozess wird das Bewusstlose der Natur mit dem Bewusstsein des Geistes innerlich vereint.

Das Musizieren ist ihm nicht ein bloßes Spiel, sondern ein Geschehen, das den Menschen zu einer vertieften Erfahrung seiner selbst führen kann. Seine ästhetische Überzeugung ist meines Erachtens, dass die Musik etwas im Menschen wiedergibt, was sonst nicht vermittelt werden kann. Die ästhetische Anschauung, die sich beim Hören der Musik einstellen kann, ist eine Anschauung, die das Ewige in uns erahnen lässt. Sie ist frei und bedarf eines Sprunges aus dem bloßen In-der-Welt-Sein. Da wo der Mensch erahnt, dass er etwas Absolutes in sich hat, kommt ihm gewissermaßen die Musik zur Hilfe. Die Musik als Kunst gibt dem Menschen eine Anschauung des Absoluten, das er in sich trägt.[64] In diesem Sinne dient die Musik der Erkenntnis des ideellen Menschen. Das Ideelle ist das Ewige und versetzt uns in das Reich der Schönheit. Hier kommt es zu einer Anschauung der All-Einheit, durch die sich das universale Allgemeine im Konkreten offenbart. Die bekannten Worte von Schelling am Schluss seines Systems des transzendentalen Idealismus lassen sich als metaphysischer Hintergrund von Furtwänglers Musizieren deuten:

63 Wanning, S. 92.

64 Vgl. hierzu Schelling 2000 (6. Hauptabschnitt). Hier entwickelt Schelling seine These, die intellektuelle Anschauung sei die ästhetische Anschauung. Der geniale Künstler vermag es, das Absolute im Menschen zu objektivieren und so darzustellen.

> „Die Kunst ist eben deswegen dem Philosophen das Höchste, weil sie ihm das Allerheiligste gleichsam öffnet, wo in ewiger und ursprünglicher Vereinigung gleichsam in Einer Flamme brennt, was in der Natur und Geschichte gesondert ist, und was im Leben und Handeln, ebenso wie im Denken, ewig sich fliehen muß."[65]

Für eine idealistische Deutung der Interpretationskunst Furtwänglers sprechen zudem zeitgeschichtliche Gründe: Furtwänglers Entscheidung, während der nationalsozialistischen Herrschaft in Deutschland zu bleiben, und sein Versuch, die Herzen der Menschen mit der Musik zu erreichen, sind Ausdruck eines Glaubens an das Ideelle in der Musik. Sein Glaube an die Unversehrtheit der Musik im Krieg ist moralisch motiviert, und zwar aus einer ideellen Bestimmung, was Kunst ist. In seiner Verteidigungsrede im Entnazifizierungsprozess sagt er:

> „Die Kunst zeugt von der Nation, von der sie entstammt, und zwar von deren ewigem Wesen, nicht von deren Tagespolitik. Kunst steht in Wahrheit, obwohl von ihnen ausgehend, über den Nationen. [....] Wen konnte Beethoven mit seiner Botschaft der Freiheit [und Menschenliebe zu hören, zu erleben, (sic, H.H)] mehr ansprechen, als gerade die Deutschen, die unter dem Terror Hitlers leben mussten?"[66]

In solchen Worten steckt, ungeachtet ob man sie aus zeitgeschichtlicher Perspektive für problematisch hält[67], ein tiefer Glauben an die Einheit des Wahren, des Guten und des Schönen. Schillers ästhetischer Staat schwingt atmosphärisch in Furtwänglers Glauben an die „deutsche Musik" mit, die trotz schwerwiegender Missbräuche nie voll und ganz politisch zu vereinnahmen sei. Furtwängler ist ein Vertreter des Kunstidealismus, der uns heute angesichts der Gräueltaten des Nationalsozialismus als naiv und wirklichkeitsfremd erscheinen kann. Aus heutiger Perspektive jedoch in einer dem Hochmut nahen Manier auf den Kunstidealismus herunter zu schauen, halte ich ebenfalls für moralisch anfechtbar.

Heute steht die Interpretationskunst in Gefahr die metaphysische Dimension ihrer künstlerischen Tätigkeit zu vergessen. Eine musikalische Interpretation, die auf naturphilosophischen Voraussetzungen und von der Liebe als

65 Schelling 2000, S. 299.

66 In: Kanzog, S. 83f.

67 Siehe hierzu sehr differenziert: Gülke, S. 124–144.

dem Fundament des Verstehens ausgeht und zudem noch von der Seele des Menschen spricht, scheint nicht mehr zeitgemäß. Wenn die Interpretationskunst dazu noch als eine ästhetische Erahnung des logozentrischen Weltgrundes gedeutet und ihr Sein als eine Bestimmung des absoluten Seins gedacht wird, sind die Erkenntnisgrenzen vieler moderner, zeitgenössischer Menschen überfordert. Aber damit ist Furtwängler nicht erledigt. Bei ihm wird deutlich, dass die musikalische Interpretation eine Liebe voraussetzt, die sich in einem bestimmten Glauben an die Botschaft der Musik ausdrückt. Im Rahmen der gegenwärtigen, musikalischen Gleichschaltung, bei der der Wert der Musik sich anhand trivialen Geschmacks entscheidet, erscheint Furtwänglers Glaube an den absoluten Vorrang der tonalen Musik fast wie eine Provokation. Ich bin jedoch davon überzeugt, dass wir diese Provokation brauchen. Eine idealistische Betrachtung der Musik, bei der die Musik im Horizont des absoluten Seins erscheint, ist nicht mit dem Deutschen Idealismus abgeschlossen.

Epilog

„Ohne Geist zerfällt die Welt zum bloß Additiven. Der Geist bildet ihre *Innerlichkeit* und *Sammlung*, die alles in sich versammelt. Auch die Theorie ist ein Schluss, der die Teile in sich *begreift* und *einschließt.*“[68]

Dieser Essay ist letztendlich der Versuch einer philosophischen Hermeneutik dessen, was in der Interpretationskunst Furtwänglers dargeboten wird. Der Versuch ist der Anfang einer Theorie der Interpretationskunst Furtwänglers. Das Augen-Schließen als „Sinnbild für den Schluss“[69] ist aber nur zögerlich möglich. Denn eine Philosophie des musikalischen Hörens, wie sie in diesem Essay anhand von Furtwängler versucht wird, hat ihre Grenzen. Das philosophische Denken möchte in keiner Weise das Hören ersetzen und ist nicht in der Lage das So-Sein der Musik so auszusagen, wie es an sich ist. Aber das Hören an sich bedarf einer philosophischen Durchdringung des Gehörten, wenn es sich nicht darin erschöpfen soll, Hörgenuss zu sein. Furtwängler bietet mit seiner Interpretationskunst eine überwältigende ästhetische Erfahrung, die implizit – und ich möchte fast sagen: notwendigerweise – auf das Verstehen angewiesen ist. Und das Wichtigste ist: Die Interpretationskunst steht schon immer in einem philosophischen Wirklichkeitskontext. Darum ist sie des philosophischen Verstehens bedürftig und fähig.

Wenn wir den Blick auf die Gegenwart wenden, so ergibt sich ein neues Aufgabenfeld für die heute noch in ihren Anfängen steckende Musikphilosophie als eigene Fachdisziplin der Philosophie. Die philosophische Durchdringung des Musizierens und das Musizieren als Feld des philosophischen Denkens stehen meines Erachtens in einem Wechselspiel. Dieses Wechselspiel ermöglicht ein vertieftes Musizieren und ein philosophisches Denken, das künstlerische Aktivität einschließt. Die Philosophie kann Musikern dazu verhelfen, einen anderen Blick auf ihre Tätigkeit zu werfen als den der Leistung,

68 Han, S. 94f.

69 Ebd., S. 95.

der Konkurrenz und des Erfolges. Die Interpretationskunst kann Philosophen dazu verhelfen, Einsichten in das allgemeine Verstehen der künstlerischen Lebensbezüge und Tätigkeiten des Menschen zu gewinnen. Die zentrale Intention des Essays ist jedoch der Aufweis, dass Musik, soll man ihrem Anspruch gerecht werden, aus der Perspektive ihres ideellen Seins betrachtet werden muss. Dies kann nur im Rahmen des Besonderen entwickelt werden. Und dazu möchte dieser Essay einen kleinen Beitrag leisten.

Schelling hat meines Erachtens den Zusammenhang von Kunst und Philosophie sehr schön auf den Punkt gebracht. Mit seinen Worten möchte ich diesen kleinen Essay schließen. Vielleicht können sie ein kurzweiliges Augen-Schließen ermöglichen:

> „Auch das Wesen der Seele also ist Liebe, und Liebe auch das Prinzip alles dessen, was aus der Liebe entsteht. – Dass ein warmer Hauch der Liebe das Kunstwerk anwehen und verklären müsse, ist allgemein anerkannt. Wir sagen von den schönsten Werken, sie seien mit Liebe gemacht, ja die Liebe selbst habe sie gemacht. – Auch die Wissenschaft in ihrer höchsten Potenz ist ein Werk der Liebe, und trägt mit Recht den schönen Namen Philosophie, d. h. Liebe zur Weisheit. Der Mensch, der zum Philosophen geboren ist, empfindet dieselbe Liebe in sich, welche die göttliche empfindet, nämlich die ausgestoßene und ausgeschlossene Natur nicht in dieser Verstoßung zu lassen, sie geistig wieder ins Göttliche zu verklären und das ganze Universum zu Einem großen Werk der Liebe zu verschmelzen."[70]

70 Schelling 1985, S. 473f.

Literatur

Furtwängler-Schriften

Furtwängler, Wilhelm (1996): *Aufzeichnungen 1924–1954*, Zürich/Mainz: Atlantis Musikbuch-Verlag/F.A. Brockhaus.

- (1994): *Ton und Wort*, Zürich/Mainz: Atlantis Musikbuch-Verlag/F.A. Brockhaus.

- (1983): *Gespräche über Musik*, Zürich/Wiesbaden: Atlantis Musikbuch-Verlag/F.A. Brockhaus.

- (1975): *Vermächtnis*, Wiesbaden: Atlantis Musikbuch-Verlag.

- (1964): *Briefe*, herausgegeben von Frank Thiess, Zürich/Wiesbaden: Atlantis Musikbuch-Verlag/F.A. Brockhaus.

Diskografie

Beethoven, Ludwig van (2001): *9 Symphonies*, conducted by Wilhelm Furtwängler, Emi Classics.

- (2010): *9. Symphony*, Live-Aufnahme von 1942, Thara.

Brahms, Johannes (2011): *4 Symphonies*, in: *Das Vermächtnis: The Furtwängler Legacy*. 107 CDs. Membran.

Weitere Literatur

Adorno, Theodor W. (2003): *Gesammelte Werke in 19 Bänden*, Frankfurt am Main: Suhrkamp.

Brendel, Alfred (2010): Über Musik, München: Piper.

Dahlhaus, Carl (2013): *Beethoven in seiner Zeit,* Laaber: Laaber Verlag.

Földényi, László F. (2013): *Starke Augenblicke*, Berlin: Matthes & Seitz.

Gülke, Peter (2006): *Auftakte – Nachspiele. Studien zur musikalischen Interpretation*: Stuttgart: Metzler/Bärenreiter.

Haffner, Herbert (2006): *Furtwängler*, Berlin: Parthas Verlag.

Han, Byung-Chul (2014): *Psychopolitik: Neoliberalismus und die neuen Machttechniken,* München: Fischer Verlag.

Hegel, Georg Wilhelm Friedrich (1986): *Vorlesungen über die Ästhetik*, Frankfurt am Main: Suhrkamp.

Martin, Heidegger: (2007): *Unterwegs zur Sprache*, Stuttgart: Klett Cotta.

- (2006): *Der Satz vom Grund*, Stuttgart: Klett Cotta.

- (2004): *Vorträge und Aufsätze*, Stuttgart: Klett Cotta.

- (2001): *Sein und Zeit*, Tübingen: Max Niemeyer.

- (1997): *Was heißt Denken?*, Tübingen: Max Niemeyer.

Hindrichs, Gunnar (2014): *Die Autonomie des Klangs. Eine Philosophie der Musik*, Berlin: Suhrkamp.

Höcker, Karla (1982): *Die nie vergessenen Klänge. Erinnerungen an Wilhelm Furtwängler*, Berlin: Arani Verlag.

Kant, Immanuel (2009): *Kritik der Urteilskraft*, Hamburg: Meiner.

Kanzog, Klaus (2014): *Offene Wunden. Wilhelm Furtwängler und Thomas Mann,* Würzburg: Königshausen & Neumann.

Matzner, Joachim (1998): *„Furtwängler und das Tempo"*, in: Krahnert, Sebastian (Hrsg.): *Furtwängler-Studien I*, Berlin: Ries & Erler.

- (1986): *Furtwängler. Analyse, Dokument, Protokoll*, Zürich: Atlantis Musikbuch-Verlag.

Platon (2000): *Der Staat* (*Politeia*). Übersetzt und hrsg. von Karl Vretska, Stuttgart: Reclam.

Ratzinger, Joseph (2008): *Theologie der Liturgie. Die sakramentale Begründung christlicher Existenz*, Freiburg/Basel/Wien: Herder.

Rosenzweig, Franz (1990): *Der Stern der Erlösung*, Frankfurt am Main: Suhrkamp.

Sandberger, Wolfgang (2005): *„Johannes Brahms in der Deutung Wilhelm Furtwänglers"*, in: *Brahms-Studien* 14, S. 9–46.

Schelling, Friedrich Wilhelm Joseph (2004): *Texte zur Philosophie der Kunst*, Stuttgart: Reclam.

- (2000): *System des transzendentalen Idealismus*, Hamburg: Meiner.

- (1985): *„Stuttgarter Privatvorlesungen"*, in: Ders.: *Ausgewählte Werke,* Bd. 4, Frankfurt am Main: Suhrkamp, S. 29–96.

Schmücker, Reinhold (2014): *Was ist Kunst? Eine Grundlegung*, Frankfurt am Main: Klostermann.

Theunissen, Michael (1991): *Negative Theologie der Zeit*, Frankfurt am Main: Suhrkamp.

Wanning, Barbara (2003): *„Schelling"*, in: Solgner, Stefan Lorenz / Fürbeth, Oliver (Hrsg.): *Musik in der deutschen Philosophie*, Stuttgart: Metzler Musik, S. 77–98.

Henrik Holm

Die Künstlerseele Friedrich Nietzsches.

Die Musik, das Leiden am Ganzen und die Sternenmoral

1. Auflage: Verlag Text & Dialog Dresden 2013, Kt., 21,0 x 14,8 cm, 112 S., 15,95 € (D), ISBN: 978-3-943897-09-8

Der Essay fragt nach der Bedeutung der Musik für den Philosophen Nietzsche und wirft einen Blick in seine Seele als Künstler: Wie geht diese *mit* der Welt *in* der Welt um? Wie findet sie Ausdruck in seinen Werken?
Im Zentrum steht der künstlerische Philosoph Nietzsche: über dessen Verhältnis zur Musik wird ein neuer Blick auf sein Werk eröffnet. Dabei erweisen sich diese Werke als verzweifelte Versuche einer Selbstüberwindung, die seine, ihm bewussten wie unbewussten Seelengeheimnisse verarbeiten.
Nietzsche hatte nicht bloß ein philosophisches Interesse an der Kunst, sondern erlebte ihre Wirklichkeit in ihrer ganzen, teilweise verzehrenden und hohe wie tiefe Stimmungen verleihenden Dramatik. Er war eine leidende, verwundbare und an große Ideale sich klammernde Künstlerseele. Musik war ihr Lebenselement. Seine Selbsterkenntnis verlief durch ein Sich-Wiedererkennen in der Musik. Er litt am Schicksal der Musik wie an einer offenen Wunde. Sein Geist kämpfte oft gegen die Seele, aber selbst seine Schöpfung des freien Geistes musste das Verbluten des Herzens in Kauf nehmen.

LASMA PIRKTINA

Zur Philosophie des Ereignisses

Eine Typologie

1. Auflage: Verlag Text & Dialog Dresden 2023,
Hardcover mit Fadenheftung und Leseband; 212 S. 21,0 x 14,8 cm,
24,90 € (D), ISBN: 978-3-943897-77-7

Die Ereignisse sind die Höhepunkte des Lebens, des Lebendig-Seins. Sie sind dasjenige, woran man am Abend – des Tages und des Lebens – am meisten denkt. In der Dämmerung strahlen sie ihr Licht aus, das keine weitere Beleuchtung mehr benötigt – Woher-, Warum-, Wozu-, Wohin-Fragen verschwinden unaufgefordert aus dem Kreis ihres Leuchtens. Sie sind die Antwort auf die Frage, die es durch sie nicht mehr gibt. – Die Ereignisse als Einbrüche in den normalen Ablauf der Dinge gehören wesentlich zum Leben. Mehr noch: Sie sind das Leben, das Erzählenswerte des Lebens.

Wie verschieden und jeweils an sich einzigartig auch die Ereignisse sind, das Buch ist ein eigenständiger und origineller Versuch, diese Ereignisse des Lebens zu typisieren. Die hier entwickelte Typologie wirft so ein neues Licht auf die Ereignisse, die Erzählungen über sie und das Leben insgesamt.

Dr. phil. LASMA PIRKTINA studierte Philosophie an der Universität Lettlands in Riga und an der Technischen Universität Dresden. Sie promovierte an der Katholischen Universität Eichstätt-Ingolstadt mit der Doktorarbeit „Das Ereignis. Martin Heidegger, Emmanuel Levinas, Jean-Luc Marion“ (erschienen 2019 bei Alber).